Secrets
of God's Reign

ALGUNOS SECRETOS DEL REINO

First edition (in Spanish): Algunos Secretos del Reino, 1997, Ediciones SEMILLA, Apdo. 371-I, Monserrat, Zona 7, Cd. Guatemala, Guatemala and printed in Colombia under ISBN 84-89389-09-8.

© 2002 by Julia Esquivel V.
Published by
Ecumenical Program on Central America and the Caribbean (EPICA)
1470 Irving Street, NW
Washington, DC 20010
USA

Cover art, book and cover design by Ann Butwell

Library of Congress Cataloging-in-Publication Data

Esquivel V., Julia, 1930-
    [Algunos secretos del reino. English & Spanish]
    Secrets of God's reign = Algunos secretos del reino : poems / Julia Esquivel V.;
    translated by Kathy Ogle, Cecilia M. Corcoran, and Judith Noone.-- 1st ed. (in
    Spanish).
        p. cm.
    ISBN 0-918346-28-2
        I. Title: Algunos secretos del reino. II. Title.

PQ7499.2.E68 A5413 2002
861'.64--dc21

Indice   Contents

Poemas Sueltas 87 Other Poems

Algunos Secretos del Reino

Presentación

Fue en los primeros años de los 70 cuando conocí a Julia por primera vez. Yo había llegado a Guatemala en 1970 y todavía era ingenua. Asistíamos a reuniones mensuales de curas, hermanas y voluntarios quienes servían a los más necesitados en las áreas marginales de la ciudad de Guatemala. La fe profunda de Julia, su fuerte sentido de justicia y dedicación a los que el evangelio llama "los pequeños" me impresionó desde el comienzo.

Nuestras rutas se separaron después de algunos años, cuando la mía me llevó lejos de la capital para vivir y trabajar con gente indígena: los Mames de Huehuetenango, los Cakchiqueles de Sololá y eventualmente con refugiados que vivían en México. Desde lejos seguía el trabajo de Julia a través de *Diálogo*, un periódico ecuménico que ella editaba que invitaba a los trabajadores pastorales y a los teólogos a examinar la creciente oscura realidad en la brillante luz del evangelio. Como resultado de aquel trabajo, muchos de sus colegas fueron torturados, desaparecidos o asesinados y Julia fue forzada a un exilio prolongado.

He leído una y otra vez las primeras colecciones de poesía de Julia: *Amenazado de Resurrección* y *Florecerás, Guatemala*. Cuando yo no podía encontrar palabras para expresar los terribles sufrimientos y las insatisfechas esperanzas de la gente de Guatemala a comienzos de los 80, la poesía de Julia me daba las palabras de una manera sencilla y elocuente. Recibí con entusiasmo su tercera colección de poesía, *Algunos Secretos del Reino* cuando primero salió en Guatemala. Siento un gran honor por su invitación a presentar a los lectores la edición bilingue de su más reciente libro de poesía, *Secrets of God's Reign*.

Leer desde atrás hacia adelante no es mi estilo usual, pero el tono de los poemas en la tercera edición, titulada simplemente "Poemas Sueltos" es una reminiscencia de los primeros poemas de Julia

Introduction

It was the early '70s when I first met Julia Esquivel. I had arrived in Guatemala in 1970 and was still a bit green. We were attending monthly meetings of priests, Sisters and volunteers who served the neediest in the marginalized areas of Guatemala City. Julia's deep faith, strong sense of justice and dedication to those the Gospels call "little ones" impressed me from the start.

Our paths diverged after a few years, when mine took me far from the capital to live and work with indigenous peoples: the Mam of Huehuetenango, the Cakchiquel of Sololá, and eventually with refugees living in Mexico. From a distance I followed Julia's work through *Diálogo*, an ecumenical journal she edited that invited theologians and pastoral workers to examine the increasingly dark reality of Guatemala in the brilliant light of the Gospels. For their efforts, many of her colleagues were tortured, disappeared or assassinated and Julia was forced into prolonged exile.

I have read over and over again Julia's first collections of poetry, *Threatened with Resurrection* and *Guatemala: The Certainty of Spring*. When I could not find words to convey the terrible sufferings and the unquenchable hopes of Guatemala's people in the early 1980s, Julia's poetry provided the words, simply and eloquently. I eagerly scooped up her third collection of poetry, *Algunos Secretos del Reino*, when it first came out in Guatemala. I am deeply honored by her invitation to introduce readers to the bilingual edition of her last book of poetry, *Secrets of God's Reign*.

Reading from the back to the front is not my usual style, but the tone of the poems in the third section, titled simply "Other Poems," is reminiscent of Julia Esquivel's earlier poems, wrenched from a sensitive soul plunged into the heart of the conflict between fear and faith, hate and love, human injustice and God's justice.

Esquivel, arrancados de un alma sensible—un alma sumergida hasta el corazón del conflicto entre el miedo y la fe, el odio y el amor, la injusticia humana y la justicia de Dios.

La segunda sección, "De Mujer a Mujer" es el fruto de sus meditaciones muy personales sobre mujeres bíblicas. Sin duda, Julia caminaba del lado de Ruth, acompañaba a María de Nazareth, se arrodillaba con María de Betania y abrazaba a la adúltera anónima.

Escritos a mediados de los 90, los poemas de la primera sección, *Secretos del Reino de Dios*, difieren marcadamente de su trabajo anterior. Estos poemas nacieron del profundo enlace espiritual entre la discípula y el Maestro, la novia y el Novio. Las reflexiones bíblicas de Julia, la oración y las conversaciones con Jesús son el fruto de una vida basada en los consejos de San Pablo a los Filipenses: "*Tengan ustedes la misma manera de pensar que tuvo Cristo Jesus*" (2:5). Estos poemas expresan las más profundas emociones de amor, fe y esperanza.

En "Jesús", "Familia", y "Compartir" vemos a Jesús como al más libre de los humanos: libre para ser el sirviente de Dios, libre para darlo todo por los pequeños de Dios. Jesús el Señor y Maestro le pide a la discípula que lo siga en libertad. El también le asegura a la discípula que, como él, ella será parte de la familia que forma el Reino de Dios. En "Compartir" Julia muestra cómo compartiendo comida, trabajo y vida, ella está del lado de Jesucristo por la vida que ha resucitado en Guatemala, una "vida en abundancia".

"Retoñar" y "Tu Tierra" son reflexiones de cómo el sufrimiento nos ofrece nueva vida, a pesar de la tristeza y el dolor. Los siguientes tres poemas siguen de una manera lógica. "Trascendencia", "Anhelo", y "Tu Bandera sobre mí, es amor" muestran a una discípula que ahora se ha transformado, purificado y enviado a cumplir el llamado de Dios en las muchas maneras y en los muchos fines que solamente Dios puede imaginar. "*Cualquier cosa que hagas a algunos de estos pequuños, me lo haces a mí*".

Algunos Secretos del Reino

The second section, "Woman to Woman," is the fruit of her very personal meditations on biblical women. Without a doubt, Julia walked at the side of Ruth, stood with Mary of Nazareth, knelt with Mary of Bethany, and embraced the anonymous adulteress.

Written in the mid-1990s, the poems of the first section, "Secrets of God's Reign," differ markedly from her earlier work. These poems are born of the deep spiritual bond between the disciple and the Teacher, the bride and the Bridegroom. Julia's biblical reflections, prayers and conversations with Jesus are the fruit of a life based on St. Paul's advice to the Philippians: "The attitude you should have is the attitude Christ Jesus had." (2:5) These poems express the deepest emotions of love, faith and hope.

In "Jesus," "Family," and "To Share" we see Jesus as the freest of humans: free to be God's servant, free to give all for God's little ones. Jesus the Lord and Master asks the disciple to follow him in freedom. He also assures the disciple that, like him, she will be part of the family that forms the Reign of God. In "To Share" she shows how by sharing food, work and life, she stands with Christ Jesus in the struggle for resurrected life in Guatemala, a "life in abundance."

"Sprouting" and "Your Land" are two reflections on how suffering brings forth new life, in spite of sadness and pain. The following three poems follow logically. "Longing," "Transcendence" and "Your Banner Over Me Is Love" show a disciple now ready to be transformed, purified and sent to do God's bidding in the many ways and with the many ends that only God can imagine. "Whatever you do to one of these little ones, you do to me."

In this, Julia Esquivel's latest collection of poetry, insights bubble up like a clear mountain spring, emerging from decades of unfathomable suffering, darkness and chaos, to flow over a dry and thirsty

En esta, la más reciente colección de poesía de Julia Esquivel, verdades recien descubiertas brotan como un nacimiento de agua clara en la montaña, que emergen desde décadas de incomprensible sufrimiento, obscuridad y caos, para fluir sobre una tierra seca y sedienta. Que nosotros, sus lectores, podamos encontrar aquí inpiración, alimento y desafío.

Bernice Kita, MM
22 de abril de 2002
Translated into Spanish by Claris Dance

land. We, her readers, may here find inspiration, nourishment and challenge.

Bernice Kita, MM
April 22, 2002

Prólogo

Todos los secretos del reinado de Dios que son la clave de la felicidad suprema, se reducen a uno solo: la vida y el amor que nos habitan. En El vivimos, nos movemos y somos. Su amor es mejor que la vida. Ese amor y esa vida se hicieron carne de nuestra carne y sangre de nuestra sangre en Jesús de Nazareth, la Palabra encarnada en un vaso frágil de mujer sencilla. Esa Palabra se explicó de manera clara y diáfana en el sermón del Monte. (San Mateo 5, 6, y 7)

A partir de esa Palabra iluminadora, la clave de la felicidad no está en las negaciones, tal como fueron pronunciadas y escuchadas por el pueblo de Israel en el desierto (Exodo 20), sino en la bienaventuranza, el gozo perfecto, la dicha suprema pronunciada por Jesús, en un conocido monte, rodeado por sus discípulos y por las multitudes que vagaban sin pastor, olvidadas por los dirigentes de su propio pueblo.

No obstante, los mandamientos de la ley fueron y son necesarias todavía para aquellos cuyos oídos aún no están listos para entender y menos aún para recibir con un corazón y una mente abiertos, esa palabra maravillosa de gozo y plentitud que abarca el término, "bienaventurados".

Todo el discurso de Jesús en esos tres capítulos resume el don del sumo bien, de la gracia derramada en el creyente que ha escogido la mejor parte la cual no le será quitada. Sören Kierkegaard nos dice que la pureza está en desear una sola cosa. Una sola cosa que reduce a cenizas todas las demás. Ya el salmista lo había descubierto: " A quien tengo yo en los cielos? Y comparado contigo, nada deseo en la tierra." Porque esa única opción transforma la vida de tal manera que convierte la tierra en cielo, la aridez del desierto en fuente de

Preface

All the secrets of God's reign, which are the key to supreme joy, can be reduced into a single secret: the life and love that live in us. We live and move and have our being in God. God's love is better than life. That life and that love became flesh of our flesh and blood of our blood in Jesus of Nazareth, the Word Incarnate in the fragile vessel of a simple woman. That Word was explained in a clear and transparent way in the Sermon on the Mount (Matthew 5,6 & 7).

Beginning with that clarifying Word, the key to happiness isn't in prohibitions—as it was proclaimed and heard by the people of Israel in the desert (Exodus 20)—but rather in blessedness, perfect joy, supreme happiness that Jesus preached on that well-known mount, surrounded by his disciples and by the multitudes who were wandering without a shepherd, forgotten by the leaders of their own people.

Nonetheless, the commandments of the law were and are necessary still for those whose ears are not yet ready to understand and even less ready to receive with an open heart and mind that wonderful Word of joy and abundance encapsulated in the phrase: "Blessed are you."

Jesus' entire discourse in those three chapters summarizes the gift of supreme goodness, the grace poured out on the believer who has chosen the better part, which will not be taken away. Sören Kierkegaard tells us that purity lies in desiring only one thing—that single thing that makes everything else turn to ashes. The Psalmist had already discovered this: "Who do I have in the heavens? And compared to You, there is nothing on earth I shall want." That single choice transforms life in such a way as to turn the earth into heaven; the dryness of the desert into a spring whose waters never

agua que salta para vida eterna; puebla nuestras soledades de comunión perfecta y en noches de bodas.

Para el enamorado, para la amante de Dios, todos los otros amores y ofertas de este sistema y reino de este mundo, son bagatelas, son fuegos fatuos, son limosnas o algarrobas que jamás pueden competir o compararse con ese amor único, mejor que la misma vida. Sólo la fuerza de ese amor nos puede desvelar el rostro de Dios en los ojos del hermano y especialmente del más vulnerable y despreciado. Sólo ese amor nos ha dado fuerzas como de búfalo para defender la vida de los hermanitos de Jesús, el crucificado por los poderes militares, religiosos, políticos y económicos de este presente siglo malo. Sólo la sabiduría de ese amor, nos ayuda a decernir entre una economía al servicio de la vida y una economía idólatra y fabricante de muerte.

Sólo el poder de ese amor vence muy adentro de nosotros el miedo el terrrorismo del estado, fabricante de vuidas, huérfanos y de mártires, también controla en nosotros el temor al otro terrorismo producido por la desesperación, el odio o la venganza. Sólo ese amor nos da la comprensión y la seguridad para vencer cualquier otro miedo, de los muchos que hoy se generan libremente por el mundo. Para nosotros no existe otro poder que el poder del amor. Ese que en la cruz del calvario tuvo la fuerza de perdonar e interceder por quien causaba daño, tuvo la ternura de depositar en los brazos de un hombre joven, el cuidado de la madre que se quedaba sola y desamparada. Ese mismo amor que por mansedumbre, transformó la vida de un brutal centurión romano en un ser humano.

Sólo ese amor, en fin, nos da la fuerza y el gozo de resistir los acosos "seductores" de los antivalores del sistema y nos impulsa a tomar la determinación de nadar contra la corriente, negándonos de manera indomable a conformarnos a los modelos de este sistema de muerte, porque tenemos a Dios por Rey.

Julia Esquivel V.
Cuaresma 2002

Algunos Secretos del Reino

run dry; and our loneliness into perfect communion, into a wedding night.

For someone in love, for a lover of God, all other loves as well as what this system and this world's reign have to offer are mere trinkets, delusions; they are small change or worthless refuse that could never compete with that special love that is better than life itself. Only the strength of that love can reveal the face of God in the eyes of a sister we have rejected or in our most vulnerable brother. Only the power of that love can give us the strength of a buffalo to defend the lives of the little brothers and sisters of Jesus, the one who is crucified by the military, religious, political and economic powers of this evil century. Only the wisdom of that love allows us to distinguish between an economy that is at the service of life and an idolatrous economy that is a death machine.

Only the power of that love conquers deep within us the fear of state terrorism that makes widows and orphans and martyrs. It also tempers our fear of the other terrorism, produced by desperation, hate or vengeance. Only that love gives us understanding and security to face any other fear, of the many which are being so freely generated in today's world. For us, there is no power other than the power of love. That love, which on the cross at Calvary had the power to forgive and intercede for those who harmed him, had the tenderness to deposit in the arms of a young man the care of a woman who was alone and without shelter. The gentleness of that same love transformed a brutal Roman centurion into a human being.

Only that love, finally, gives us the strength and the joy to resist the encroachment of the seductions of the system's false values, impelling us to take up the determination to swim against the tide and impeding absolutely in us any conformity with this system of death—because we have God as our King.

Julia Esquivel V.
Lent 2002

Secrets of God's Reign

SECRETS
OF GOD'S REIGN

• •

ALGUNOS SECRETOS DEL REINO

Jesús

Jesús,
Eres el más subversivo
de los hombres,

Libre,
enteramente libre
de los poderes
que intentaron seducirte
y que te cercaron.

Libre para destrabarte
de toda cadena,
de todo yugo,
para ofrendarte
siervo,
acusado de malhechor.

Jesus

Jesus,
you are the most subversive
of men.

Free,
entirely free
of the powers
that tried to seduce you
and fence you in.

Free to break loose
from every chain,
from every yoke,
to offer yourself as servant,
accused of doing evil.

Familia

San Marcos 3:31-35

¿En dónde están tus hermanos,
y tu madre, Señor,
Tu familia?

¡Libertad dolorosamente rica,
insondable!

Qué solas nos quedamos,
cuando Tu espada
violenta nuestro ser
y nos vas enloqueciendo
con la locura de tu compasión,
y nos levantas
madres, hermanos y hermanas,
en todos aquellos, que sin tener
en donde recostar su cabeza
forman tu familia.

Sola ante Tí,
encontré madre,
hermano,
compañero,
hijo,
esposo,
estatura perfecta,
Palabra de misericordia
vestida de mi carne,
sostenida de mi hueso
encarnada en todos los crucificados
en la Historia.

Algunos Secretos del Reino

Family

Mark 3: 31-35

Where are your brothers and sisters,
your mother, Lord,
your family?

Freedom so painfully rich,
unfathomable:

How alone we remain
when your sword
tears into our being
driving us mad
with the madness of your compassion.
And you lift us up
as mothers, brothers and sisters,
in all those, who without
a place to lay their heads,
form your family.

Alone before You,
I found mother,
sister,
companion,
son,
spouse,
perfect stature,
merciful Word
clothed in my flesh,
sustained by my bones,
incarnate in all of the crucified
throughout history.

Secrets of God's Reign

Tu familia,
numerosa,
como las arenas de la mar,
luminosa,
como las estrellas en el cielo.

Mi familia,
tus hermanos pequeñitos,
herederos de tu Reino

Reaviva en mí esa llama
del fuego de tu amor.

México, 26 de julio 1993

Your family,
numerous
as the sands of the sea,
shining
as the stars in the sky.

My family,
your little brothers and sisters,
heirs of your reign

Rekindle in me that flame,
the fire of your love.

Mexico, July 26, 1993

¿Por qué no?

Si en los charcos
se reflejan las estrellas
¿por qué no podrían reflejarse
en los hombres más funestos?

Why Not?

If stars are reflected
even in puddles of mud,
why could they then not also be reflected
in the most ill-fated of people?

Compartir

Compartir de vez en cuando
con los amigos
un poco de vino y pan
es compartir trabajo y vida

Compartir ese mismo pan
con el costado herido
es compartir
lucha, muerte y resurrección.

To Share

To share from time to time
with friends
a bit of wine, a bit of bread
is to share work and life.

To share that same bread
with a wounded side
is to share
struggle, death and resurrection.

Siembra

Porque no se puede
matar la muerte con la muerte,

Por eso, siembra vida
y mata la muerte con la vida,
pero para cosecharla infinita, plena y perenne,
ha de ser sobre tu propia muerte,
amando todo lo que puedas.

Porque sólo se puede
sembrar vida con la vida
pues ésta, como el amor,
es más fuerte que la muerte.

Sowing

Because you can't
kill death with death,

Sow life
and kill death with life.
But you can only harvest the infinite, complete, and perennial,
through your own death,
by loving as much as you can.

For you can only
sow life with life
since life, as love,
is stronger than death.

Retoñar

Me podaste, Señor
y fue doloroso.
¡Pero que bello es retoñar!

Trituraste una y otra vez
mi duro barro entre tus manos
y fuiste modelando paciente
la rústica vasija de mi vida
para depositar tu tesoro.

Sembrador y Alfarero,
no ceses en mí tu tierno empeño.
Perfecciona tu designio
en este viejo tronco,
imprime tu rostro deslumbrante
sobre el mío sombrío poco a poco.

Que mil pájaros cantores
aniden en mis ramas
de nuevo florecidas.

Guatemala, 4 de mayo de 1994

Sprouting

You pruned me, Lord,
and it was painful.
But how lovely it is to sprout again!

Again and again you crushed
my hard clay between your hands
and patiently modeled
the rustic vessel of my life
to entrust to it your treasure.

Sower and Potter,
never cease in me your tender tenacity.
Perfect your design
in this old stump.
Imprint your dazzling face
little by little upon my sullen one.

May a thousand song birds
nest in my branches
flowering anew.

Guatemala, May 4, 1994

Tu tierra

Como a Ruth,
Me ordenaste ponerme en marcha.
Y salí de mi tierra pequeña
hacia la tuya inmensa.

Y no fueron suficientes 40 años. . .
Me has mostrado
los horizontes de esa tierra tuya,
vasta, ancha, sin límites ni fronteras.

Y mis ojos deslumbrados
descubren cada mañana
horizontes nuevos
en esta tierra tuya que renace
y que estreno alegre
cada madrugada.

Algunos Secretos del Reino

Your Land

Just as with Ruth,
you ordered me to set out.
And I left my little country
for your endless one.

Forty years were not enough . . .
You have shown me
the horizons of that land of yours,
vast, wide, without limits or frontiers.

And my dazzled eyes
discover each morning
new horizons
in this land of yours that is born again
and that I experience anew
joyfully each dawn.

Trancendencia

Desnuda como la verdad
Purificadora como el fuego
Agradecida como la tierra
Gratificante como la lluvia
Invisible como el aire
Así el ser debe llegar al Ser.

Transcendence

Naked as truth
Purifying as fire
Thankful as earth
Gratifying as rain
Invisible as air
So should being arrive at Being.

Anhelo

Lo suficientemente delgada
para caber en cualquier rendija

Lo suficientemente pequeña
para filtrarme por cualquier agujero

Lo suficientemente ligera
para ser transportada
por cualquier vientecillo

Lo suficientemente sutil
para pasar desapercibida
como el aire,
como la sombra,
como la luz,
como la idea.
Así quiero ser.

Longing

Thin enough
to wiggle into any crack

Small enough
to filter through a needle's eye

Light enough
to be lifted
by any breeze

Delicate enough
to pass unnoticed
as air,
as shadow,
as light,
as idea.
That's how I long to be.

Su bandera sobre mí, es amor

Cantar de los cantares 2:4

Quiero ser tu pañuelo, Señor,
limpio, suave, pulcro, fuerte,
listo siempre
entre tus manos que sanan.

Puedes usarme como quieras,
convertirme en compresa
para detener la hemorragia
en la frente del borrachito
que se cayó en la esquina
y que se cortó la ceja
con un vidrio de botella

Si tú lo quieres, con tu pañuelo
seca las lágrimas de Meme,
el niño callejero, vendedor de periódicos
a quien le arrebataron
todo su dinerito
ganado durante el día.

Pañuelo tuyo,
podrías estirarme
hasta convertirme en cabestrillo
y sostener el brazo quebrado
de la Tencha, cargadora de canastos
en la Terminal, que se resbaló
en una cáscara de mango.

Algunos Secretos del Reino

Your Banner Over Me Is Love

Song of Songs 2:4

I want to be your handkerchief, Lord,
clean, soft, tidy, strong,
ready always
in your healing hands.

Use me however you wish.
Make of me a compress
to staunch the bleeding
forehead of the drunk
who fell at the corner
and cut his eyebrow
on a bottle.

Or if you wish, with your handkerchief,
dry the tears of Meme,
the street child and newspaper peddler
from whom they snatched
every bit of change
collected during the day.

You could stretch me,
your handkerchief,
to turn me into a sling
to hold the broken arm
of Tencha, a basket carrier
in the market
who slipped on a mango peel.

Si me necesitas,
podría recibir el esputo
del viejo Andrés, tuberculoso,
que a veces, cuando le alcanza,
come papas asadas
en el rescoldo del fuego
de la noche anterior. . .

Podría quizás,
en la boca de Jacinta,
la parturienta,
soportar su mordida
entre sus dientes apretados,
cuando puja encuclillada
en el monte
luchando por dar la vida
sin ayuda de su marido
ni de la partera
y menos aún de médico. . .

Yo, pañuelo tuyo,
deseo con toda mi alma
estar lista siempre
entre tus manos
para cualquier emergencia,
en el pecho, o en los ojos,
en la nariz o en los pies
de mis hermanos, tus pequeñitos. . .

Y si necesitaras
rasgarme un día
para vendar la cabeza
del soldado

Algunos Secretos del Reino

If you need me,
I could receive the spittle
of old, tubercular Andrés
who sometimes, when he can find them,
eats potatoes roasted
in the embers
of last night's fire.

Perhaps I could
in the mouth of Jacinta,
a woman in labor,
endure the bite
of teeth clenched
as she pushes,
squatting in the woods,
struggling to give birth
unassisted by her husband
or a midwife
much less a doctor…

I, your handkerchief,
desire with all my soul
to be always ready
in your hands
for whatever emergency,
in the breast, or the eyes,
or the nose or the feet
of my brothers and sisters, your little ones…

And if you need
to tear me one day
to bandage the head
of a soldier

o del combatiente herido,
para fajar una hernia
o para atar un ombligo,
aquí estoy Señor,
bandera de amor entre tus manos. . .

Y si te crucifican otra vez
y necesitaras mortaja,
puedes convertirme en sudario. . .
o en la bandera blanca de tu resurrección.

Y para el pueblo que llora
el asesinato brutal de un sueño,
podrías derramar aroma
de violetas, de canela, de nardos o de romero. . .
sobre este pañuelo tuyo
y dejarlo caer a su lado,
como diosa enamorada
de los fatigados y cargados. . .

Guatemala, 9 de enero de 1991

Algunos Secretos del Reino

or of a wounded fighter,
to bind a hernia,
to tie a navel,
I am here, Lord,
a banner of love in your hands...

And if they crucify you again
and you need a shroud,
you can turn me into a winding sheet...
or into the white flag of your resurrection.

And for the people who mourn
the brutal assassination of a dream,
you could pour the fragrance
of violets, of cinnamon, or nard or rosemary...
into this your handkerchief
and let it fall at their side
as a goddess in love
with the weary and the overburdened...

Guatemala, January 9, 1991

Loba

Esa loba que hay en mí
y que cuando se siente atacada
intenta agredir
y dar un buen merecido
a los ingratos. . .

Esa loba
que se llama miedo
que gruñe,
muestra los colmillos
y las uñas,

y que por un momento
olvida que ningún humano
o cosa,
o fenómeno
es inherente,
que nada existe en sí
y para sí,

esa loba huraña,
falsa,
pequeña y miedosa…

Aquiétala,
Transfórmala
con tu amor,
SAN FRANCISCO. . .

Algunos Secretos del Reino

She-Wolf

The she-wolf within me
when she feels attacked
tries to strike back
to give the ingrates
their due . . .

That she-wolf
named fear
that growls,
bears her fangs
and claws,

and forgets for a moment
that no human
or thing
or phenomenon
is inherent,
that nothing exists in
or for itself,

that shy she-wolf,
false,
small and fearful . . .

Calm her,
SAINT FRANCIS.
Transform her
with your love.

Consolación

Me había bebido
toda la amargura
de Tu Ausencia. . .

Desde el hondo vacío de mi no ser. . .
escuché Tu pregunta:
¿Por qué lloras, mujer?

Me dolía el oprobio
de tanta palabra
vaciada de sentido.

Me dolía tanta solución
sin humildad,

Tanto juicio
sin misericordia
y el impuro reclamo
de justicia sin perdón,

La fijación fría
de propósitos sin luz

Ese vértigo de actividad incesante
sin fuerza vital,
tanta agitación
sin reflexión,
tanto hablar
sin ton ni son.

Algunos Secretos del Reino

Consolation

I had drunk
all the bitterness
of your absence…

From the empty depths of my non being…
I heard your question:
"Why do you cry, woman?"

I was pained by the disgrace
of so many words
emptied of meaning.

I was pained by so many solutions
without humility.

So many judgments
without mercy,
and the impure allure
of justice without pardon.

The frigid fixation
of purpose without vision.

That vertigo of unending activity
without vital force.
So much agitation
without reflection.
So much talk
without rhyme or reason.

Me dolía la vida
y me dolía la muerte,

Me dolía
la existencia toda.
La tierra sin lluvia,
el desierto sin oasis,
Y la razón lúcida,
huérfana de intuición.

Aterrada, percibía de nuevo
el cálculo frío
de la negociación
ávida de ganancias.

Flotando en el enorme vacío
inhóspito
de tu ausencia
sentí una presencia

¿Por qué lloras, mujer?

Mi corazón obnubilado
reconoció por fin
tu voz entre mil
Y como los pájaros sedientos
baten las alas y abren el pico,
al escuchar el soplo maravilloso
de la primera lluvia,
mi tierra agradecida
absorbió ávida

Life brought pain
and death brought pain.

All existence
brought pain.
The land without rain,
the desert without oases,
and lucid reason,
the orphan of intuition.

Terrified, I perceived anew
the cold calculation
of negotiations
greedy for gain.

Floating in the vast
inhospitable emptiness
of your absence
I felt a presence.

"Woman, why do you cry?"

My clouded heart
at last recognized
your voice among the thousands.
And as thirsty birds
beat their wings and open their beaks
upon hearing the marvelous gust
of the first rain,
my grateful earth
eagerly absorbed

el sentido infinito
de tu pregunta de Resucitado:
"¿Por qué lloras, mujer?"

No, si ya no lloro,
jardinero mío,
tierno manojito de mirra,
aroma de mi corazón,
¿es que no lo ves?

No lloro,
es la lluvia tardía
que empapó mis ojos
que sedientos te buscaban;
es la lluvia
que baña mi frente
y fecunda mis ojos secos
por tu ausencia,
sí es la lluvia
que transforma el fuego que abrasa,
en deliciosa caricia refrescante.

Y las fauces oscuras
de mi hondo vacío interior
se encendieron con los relámpagos
de tus maravillosas tempestades...

"Vé mujer, vé pronto,
diligente y terca,
dile a mis hermanos,
esos varones serios e importantes,
que velo junto a mi Padre

Algunos Secretos del Reino

the infinite meaning
of your resurrected question,
"Why do you cry, woman?

No, I no longer cry,
my gardener,
tender handful of myrrh,
aroma of my heart,
"Do you not see?"

I am not crying.
It's the late rain
that drenched my eyes
that thirsty sought you.
It's the rain
that bathes my forehead
and makes fertile my eyes dried
by your absence.
Yes, it is the rain
that transforms this burning fire
into a delicious refreshing caress.

And the dark gullets
of my deep inner emptiness
blazed with the lightening
of your marvelous tempests…

"Go woman, go quickly,
diligent and headstrong,
tell my brothers,
those serious and important men,
that I keep vigil with my Father

que es el tuyo
y el de ellos"

Y mis ojos,
humedecidos
por la primera lluvia
de la primavera
y mi corazón — desolado como el de Eva
exiliada del Paraíso —
se inundaron de El,
que pobló mi soledad
de Su Presencia.

Managua, 15 de mayo de 1988

Algunos Secretos del Reino

who is yours
and theirs as well."

And my eyes,
moistened
by the first rain
of spring
and my heart — as desolate as Eve's
exiled from Paradise —
were flooded by Him,
who inhabited my loneliness
with His presence.

Managua, May 15, 1988

Lección

"Sí, pero los chuchitos
recogen las migas
que caen de la mesa de los hijos".

Te desafió la perra cananea, Jesús.
Y te dejaste sorprender.
Y, porque no tuviste miedo,
No te escondiste
detrás de la "superioridad" ofendida
de varón y de judío.

Tú el Hijo Bienamado
el Unico,
te abriste a la lección
de la pagana.

¡Qué lección Maestro,
qué lección!

¿Trasciende toda frontera
la meta de tu unción?

¿Son ellas,
las perennemente postergadas,
dignas "también" de recibir todos los dones
de tu gracia ilimitada?

La desnuda confesión
de tu asombro
hace estallar mi corazón de gozo:

Lesson

"Yes, but the puppies
lick up the crumbs
that fall from the children's table."

The Canaanite dog challenged you, Jesus,
and you let yourself be surprised.
And, because you weren't afraid,
you didn't hide
behind the offended "superiority"
of being male and being a Jew.

You, the Beloved Son,
the One,
opened yourself to the lesson
of a pagan.

What a lesson, Teacher!
What a lesson!

Does the goal of your unction
transcend all borders?

Are they,
the permanently prostrated,
worthy "also" to receive all the gifts
of your unlimited grace?

The naked confession
of your amazement
makes my heart burst with joy:

¡Mujer, qué grande es tu fe
que se cumpla tu deseo!

Bienvaventuradas las ninguneadas
bajo las montañas
del miedo patriarcal.

Porque nuestra hambre y sed
de humanidad
serán saciadas

Porque nuestra fe
mueve montañas

Porque Dios gime en nosotras
¡pujando con fuerza
en trabajo de parto!

Guatemala, 28 de octubre de 1996

Algunos Secretos del Reino

Woman, how great is your faith!
You will have your desire.

Blessed are the nobodies
under the mountains
of patriarchal fear!

Because the hunger and thirst
of humanity
will be satiated.

Because our faith
moves mountains.

Because God groans within us,
pushing with force
in the work of giving birth!

Guatemala, October 28, 1996

Pentecostés

Pan para el hambre recóndita,
Oasis en el desierto,
respuesta última a la pregunta
escondida en lo profundo del ser

Reposo,
sosiego,
rocío cristalino
arco iris perfecto
cristal purísimo
bálsamo sanador,
enséñame cada día
el camino
a la fuerza fecundadora de la debilidad,
Sol que convierte la noche en día
estrella rutilante en la noche oscura,
eres Quien era, que es y que será.
Y que tomando de nuestro propio barro
acampa en nosotras

Tu entrega total
alimenta y sacia
esa hambre, esa sed
que somos y que nos hace bramar
por Tí como la cierva brama
por las corrientes de las aguas.

Guatemala, 26 de mayo de 1996

Algunos Secretos del Reino

Pentecost

Bread for the hidden hunger,
oasis in the desert,
final answer to the question
hidden in the depths of my being.

Rest,
fulfillment,
fresh water spring,
perfect rainbow,
pure crystal,
healing balm,
show me each day
the path
to the fertile strength of the weak.
Sun that converts night to day,
shining star in the darkest night,
You are who you were, are and will be.
And taking from our own clay
you camp within us.

Your total gift
nourishes and satisfies
this hunger, this thirst
that we are and that longs for you
like the deer longs
for the flowing stream.

Guatemala, May 26, 1996

Cantar

¡He sido convocada por el Amor!
el verdadero, que cree, espera y descubre
porque es más fuerte que la muerte

Ese que nos llega desde más allá del cenit
Y se sumerge en las profundidades del nadir

El que extiende mis brazos al infinito
y me invita a abrazar el cosmos con Su ternura

El que abre mis ojos al misterio que soy
en la insondable hondura de los tuyos
y me va dando paso a paso la victoria sobre el miedo,
conduciéndome segura
a la fuente abundante de la vida

He sido invitada al Amor
Cuyo oleaje estremece vibrante
mi pequeña vasija de barro.

Sí, procedo de El
y hacia El soy conducida
¡Todo mi ser se entrega extasiado a su abrazo
en el corazón mismo de la beatitud!

San Pedro Sacatepéquez, San Marcos,
Guatemala, 18 de marzo de 1996

Algunos Secretos del Reino

Psalm

I have been summoned by Love!
Real love that believes and hopes and discovers
because it is stronger than death.

It comes to us from beyond the zenith
and submerges itself into the depth of the nadir.

Love that extends my arms into the infinite
and invites me to embrace the cosmos with its tenderness.

The Love that opens my eyes to the mystery that I am
in the unfathomable depths of yours
continues giving me, step by step, victory over fear,
leading me secure
to the abundant fountain of life.

I have been invited to the Love
whose swelling waves vibrantly shake
my little vessel of clay.

Yes, I come from Love
and I am led to Love.
All of my being yields itself in ecstasy to its embrace
in the very heart of the beatitude!

San Pedro Sacatepéquez, San Marcos,
Guatemala, March 18, 1996

Tu reino

Sólo torturan
los que en lo más recóndito
han vivido torturados.

Sólo matan
los que dentro de sí
llevan muerte
y viven muriendo cada instante

Sólo son verdugos
los que desde el vientre,
los que desde el nacer de la conciencia
sufrieron del desgarre
de su corazón sediento.
Los que pedían pan
y recibieron piedras.
Los indeseados
los abandonados
los considerados instrumentos.

Las guerras y los "poderes"
son de ellos

Nosotras no tenemos parte en quienes
intentan destruir
la semilla de Dios
en su propio ser.
Hago mío tu clamor, Jesús
¡Perdónalos, porque no saben lo que hacen!

Algunos Secretos del Reino

Your Kingdom

Only those who have lived tortured
in the most hidden places
become torturers.

Only those who carry death
within themselves
and live each moment dying
become killers.

Executioners are only those
who from the womb,
from the time when their conscience was born,
suffered the tearing
of their thirsty hearts.
Those who begged for bread
and received stones,
the undesirables
the abandoned
the ones considered instruments.

Wars and "powers"
are made up of them.

We women have no part of those
who seek to destroy
the seed of God
in their own being.
I make your cry mine, Jesus
Forgive them, for they know not what they do!

La fuerza de Tu Reino
es inmanente
no viene de afuera
nadie la puede dar
nadie la puede quitar
Es inherente
viene de la fuente del Ser.

Soy generada
desde esa matriz
y nutrida por ese Amor.

Guatemala, 1996

Algunos Secretos del Reino

The strength of your Kingdom
is immanent;
it does not come from the outside.
No one can bestow it,
no one can take it away.
It is inherent.
It comes from the fountain of Being.

I am engendered
from that womb
and nourished by that Love.

Guatemala, 1996

WOMAN
TO WOMAN

• •

DE MUJER A MUJER

Trasplante

Mujer fuerte de Moab,
responde te lo ruego a mi pregunta
¿Qué fuerza irresistible
te impulsó a arrancarte de raíz
de tu tierra y de tu pueblo
para trasplantarte
y fructificar en la tierra de Noemí?

Sólo un cavar muy hondo
en el fondo de tí misma
pudo arrebatar de tu alma
la determinación imposible:
"A donde quiera que fueres,
iré yo,
donde vivieres, viviré;
tu pueblo será mi pueblo,
y tu Dios, mi Dios".

Arrancarte tú misma
de tu parentela,
de tu suelo familiar,
y hundir la raíz de tu ser
en otra tierra y en otro Dios

Trasplante esencial,
para quizá sin poder explicarlo,
presentirte madre del retoño de Jesé

Desarraigo fértil, de cuya matriz
brotó aquel tronco

Transplant

Strong woman of Moab,
answer, I pray, my question:
What irresistible force
impelled you to uproot yourself
from your land and from your people
to transplant yourself
and bear fruit in the land of Naomi?

Only a profound excavation
into the depths of yourself
could wrench from your soul
the impossible decision:
"Wherever you go
I will go,
wherever you live, I will live;
your people will be my people,
and your God, my God."

To wrest yourself
from your kinsfolk,
from familiar soil,
to put down the roots of your being
in another land and another God.

Essential transplant,
perhaps sensing without being able to explain,
that you were the mother of the shoot of Jesse.

Fertile uprootedness, from whose womb
sprang forth that trunk

en el que no hay judío ni gentil
ateo o creyente,
hombre o mujer,
indio o mestizo. . .

Mujer del desarraigo
que cava hondo
y arranca decidida

Vid trasplantada
que se hace fecunda
y que da fruto y retoña
en El que fue
triturado por el sufrimiento
para hacerse vino generoso
y cuya descendencia es incontable.
Mujer del desarraigo
 y del trasplante.

Nana nuestra,
hueso nuestro,

Mujer fuerte de Moab.

México, 20 de diciembre de 1989

Algunos Secretos del Reino

where there is neither Jew nor Gentile,
atheist or believer,
man or woman,
Indian or mestizo...

Woman of uprootedness
who digs deep
and uproots decisively.

Transplanted vine
that becomes fertile
and bears fruit and sprouts
in Him who was
crushed by suffering
to become generous wine
and whose descendents are without number.
Woman of uprootedness
and of transplanting.

Our grandmother,
our bones,

Strong woman of Moab.

Mexico, December 20, 1989

A María en voz baja

Favorecida de la Vida
visitada del Altísimo,
vaso escogido por el Amor:

Tú, cuyo asombro
se transformó en confianza,
Tú, la que creyó,
enséñame a creer
y a esperar.
Transmíteme el secreto
de ser vasija débil
pletórica de Su poder,
Arca acogedora de Su Espíritu,
útero repleto de Su Ternura.

De vivir cada día
permitiendo que El
haga posible lo imposible
en mi vida pequeña.

De saberme terreno fértil
de Su Voluntad.

Depositaria del misterio
de ver cumplida en mí
su promesa de Salvación.

Contigo, mi corazón
salta como gacela en mi pecho

To Mary in a Whisper

Life's favored one
visited by the Most High,
vessel chosen by Love:

You, whose astonishment
was transformed into trust,
You who believed,
teach me to believe
and to hope.
Tell me the secret
of being a weak vessel
overflowing with His power,
welcoming ark of His spirit,
full womb of His tenderness.

To live each day
allowing Him
to make possible the impossible
in my small life.

To know myself as fertile soil
for His will.

Treasury of the mystery
of seeing fulfilled in me
His promise of salvation.

With you, my heart
leaps like a gazelle in my breast

sintiendo la grandeza
de su amor.
Mi espíritu
inundado del suyo
quiere, como en Caná
ser vino de alta calidad,
y transmitir el gozo
a los tristes y abatidos.

Atraer sus ojos límpidos
sobre mi pobreza
y saber así, que tu dicha
es la mía,
para cantar contigo:

El que me ha librado
de la muerte,
y de los lazos
del hombre violento,

El Altísimo,
ha engrandecido
su misericordia
sobre los débiles,
su poder des-hace los planes
de los orgullosos,
derriba los poderes rebeldes
conforme a su voluntad,
trastorna a los altaneros
y afirma el corazón
de los humildes.

feeling the greatness
of His love.
My spirit,
flooded by His,
wants, as in Cana,
to be the finest of wines,
to transmit joy
to the sad and downcast.

To draw His clear gaze
upon my poverty
and so to know that your happiness
is mine,
and to sing with you:

He who has freed me
from death
and from the snares
of the violent,

The Most High,
has increased
His mercy
on the weak.
His power undoes the plans
of the proud,
overthrows the rebellious powers
according to His will,
turns the haughty upside down
and makes strong the hearts
of the humble.

El alimenta
a los hambrientos,
despide a los ricos,
libres, por fin,
de su podredumbre.
Comanda al pueblo oprimido
que espera en El,
y multiplica sobre los suyos,
su misericordia.

Así lo hizo contigo
desde Abraham
hasta nuestros días.
Y así será
hasta la venida plena
de Su Reino.

La humanidad crucificada
de muchos pueblos
busca en Tí consuelo.

El Dios de Jesús
se hace madre en tí,
que con ternura
consuelas a los tristes.

Cada pueblo te nombra
con un nombre diferente
y en tus ojos
traspasados de dolor
perciben la espada
que taladró tu alma

He feeds
the hungry,
dismisses the rich,
freed, finally,
from their putrefaction.
He has command over the oppressed
who hope in Him,
and multiplies His mercy
on His people.

That's what He has done with you
from the time of Abraham
until now.
And it will be so
until the full coming
of His reign.

The crucified humanity
of many nations
looks to you for comfort.

The God of Jesus
becomes mother in you,
who with tenderness
consoles the broken hearted.

Each people calls you
by a different name
and in your eyes,
transfixed with pain,
they perceive the sword
that pierced your soul.

Se sienten
comprendidos,
abrazados,
arrullados
y mimados.

Enséñame mujer,
el íntimo secreto
de la ternura y del silencio,
que es corazón abierto
al llanto de los abandonados. . .

México, 1993

They feel
understood,
embraced,
soothed
and caressed.

Teach me, woman,
the intimate secret
of tenderness and silence,
of a heart opened
to the cry of the abandoned...

Mexico, 1993

En memoria de ella

Fascinada,
degustó sorbo a sorbo
todo tu corazón
— cáliz rebosante de sabiduría —.
Experimentó sosegada
el poder de tu resurrección
que nos rescata a la alegría.

Embriagada
de tu pasión
fue penetrando sutilmente
el íntimo secreto
de tu total entrega
y se fue convirtiendo
en exquisito vaso de alabastro
pletórico de aromático perfume.

Liberada,
se derramó sin medida
sobre tu cuerpo de peregrino,
condenado por los poderes patriarcales
al tormento ignominioso de la cruz.

Enamorada de la vida
y que presintiendo tu agonía,
anunció tu cercano final
con insólito gesto de mujer libre

Censurada
duramente por Judas y tus amigos

Algunos Secretos del Reino

In Memory of Her

Spell-bound,
she savored, drop by drop,
your whole heart
— a chalice brimming with wisdom.
Tranquil now, she felt
the power of your resurrection
that rescues us to joy.

Intoxicated
by your passion,
she penetrated little by little
the intimate secret
of your total surrender
and was transformed
into an exquisite alabaster vessel
overflowing with aromatic perfume.

Liberated,
she poured herself out without measure
upon your pilgrim body,
condemned by patriarchal powers
to the ignominious torment of the cross.

In love with life,
and sensing your agony to come,
she announced your impending end
with the rare gesture of a free woman.

She was harshly condemned
by Judas and your friends,

elogiaste ante ellos
su derroche de ternura,
la más alta aprobación
que persona alguna pudo recibir
de tus labios sin mancha
de hombre entero.

En memoria de tu evangelio
vivido por ella,
te ruego, Amor de los Amores
hagas de mi barro
bello vaso de alabastro
y de mi vida toda
perfume de nardo puro
como ése con el que ungió
tus pies cansados
la atrevida, la bienaventurada María de Betania.

Guatemala, 9 de mayo de 1995

but in their presence you praised
the extravagance of her tenderness,
the highest approval
that anyone could ever receive
from your pure,
fully human lips.

In memory of the gospel
that she lived,
I beg you, Love of Loves,
make of my clay
a beautiful alabaster vessel
and of my whole life,
perfume of pure nard
like the kind she used
to annoint your weary feet,
the daring one, blessed Mary of Bethany.

Guatemala, May 9, 1995

Perdón

A una amiga

Sólo tú no me apedreaste Señor,
ni me apuntaste con el dedo
Discreto, fijaste los ojos en la arena
y sereno, escribías. . .

No me miraste acusador
ni te sumaste al juicio
de los que me azotaron.

Cuando quedé sola frente a ti,
tus ojos eran dos océanos de ternura
que consolaron mi alma atormentada
y la desligaron de la ignominia y de la vergüenza.

Así aprendí a amarte
y a no caer nunca más
en el foso que abrieron
frente a mí tus enemigos

Tu perdón me mueve a perdonarlos
y a anhelar fervientemente
que sean animados de tu mansedumbre y tu ternura.

Guatemala, 3 de mayo de 1996

Algunos Secretos del Reino

Pardon

Lord, you were the only one who didn't stone me
or point your finger at me.
You fixed your eyes discreetly on the sand
and serenely, you wrote...

You didn't give me an accusing look
nor did you add to the judgment
of those who beat me.

When I was left alone before you,
your eyes were oceans of tenderness
that consoled my tormented soul
and freed it from dishonor and shame.

So I learned to love you
and never to fall again
into the pit your enemies opened
before me.

Your forgiveness moves me to forgive them
and to fervently desire
that they be moved by your humility and tenderness.

Guatemala, May 3, 1996

OTHER POEMS

· ·

POEMAS SUELTOS

Barricada

¡Nuevo Diario! ¡Barricada!
¡el paaaan! ¡el paaaan!
los chavalos de Managua
van gritando su necesidad
desde el amanecer.

La guerra injusta
los obliga a ganarse el pan
trabajando duramente. . .

No importa el sol calcinante,
ni la lluvia,
ni siquiera los pies descalzos.

Combaten contra el hambre,
contra la deuda,
contra la muerte.

¡El paaaan, el paaaan. . . !
Se va alejando la vocecita niña por las callecitas sin nombre
mientras yo me quedo pensando
sobre la cama. . .
en Reagan-infierno
que sigue enviando balas
para apagar la vida.

Barricada*

Nuevo Diario! Barricada!
Bread!! Bread!!
The kids from Managua
go shouting their need
from daybreak on.

Unjust war
obliges them to earn their daily bread
by working hard.

Despite the scorching sun,
the rain,
and even in spite of their bare feet,

they fight against hunger,
against debt,
against death.

Breeead! Breeead!
The little girl's voice grows dim down alleyways without names
while I am left pensive
on my bed,
in the Reagan-hell
that keeps sending bullets
to extinguish life.

*Name of a Nicaraguan newspaper meaning barricade.

Madre, ten misericordia,
enséñanos más y más
a compartir el pan y el hambre
de cada día,
enséñanos a matar la guerra!

Managua, 18 de septiembre de 1988

Mother, have mercy.
Teach us more and more
to share the bread and the hunger
of each day.
Teach us to kill war!

Managua, September 18, 1988

Despedida

En memoria de Luis Cardoza y Aragón

Avecilla muerta
en el patio de mi exilio

Suspiro alado
del hombre,
poeta
y maestro.

Libertad
engalanada de ternura.

Dignidad desnuda
vestida de trabajo fecundo

Batalla incensante
por re-crearse hombre.

Día a día
perseverante.
Todo un siglo que se nos va.

Ciclo de entereza
que sencillamente me invita
a ser.

Ayuno de mendicidad
y de dobleces.

Hasta MAÑANA maestro,
del llanto desnudo,

Algunos Secretos del Reino

Good-bye

In memory of Luis Cardoza y Aragón

Tiny dead bird
in the patio of my exile.

Winged sigh
of this man,
poet
and teacher.

Freedom
draped in tenderness.

Naked dignity
dressed in fruitful work.

Incessant battle
to re-create himself as human.

Day after day
persevering.
An entire century that passes us by.

A cycle of integrity
which simply invites me
to be.

A fast from lies
and from duplicities.

Until TOMORROW teacher,
of the naked sob,

buscador de la verdad
en la hondura misma
de su "dura patria"
Adiós y hasta MAÑANA,
para siempre.

7 de noviembre de 1993

seeker of truth
in the very abyss
of your "hard homeland".
Good-bye and until TOMORROW,
always.

November 7, 1993

16 de Noviembre

Esos, los que renunciando
a su humanidad
apuntaron a su miedo
ese 16 de noviembre,

Al ensañarse
contra las miradas,
los cerebros y los cráneos,
buscaban desesperados
apagar la luz de la inteligencia,
de la memoria,
y de la verdad.

Sembradores de la muerte
tuvieron miedo a la vida.
Regaron sus cuerpos inermes
como testimonio de su cobardía
para enfrentar la verdad.

Vestidos de mentira
se esconden hasta hoy
detrás de la fuerza.

Horrenda consecuencia
es la muerte
en las manos
de quienes renunciaron
a su humanidad.

Algunos Secretos del Reino

November 16

Those who renounced
their humanity
and took aim at their fear
that 16th of November

Vented their rage
against the looks,
the brains, the skulls,
and sought desperately
to extinguish the light of intelligence,
of memory,
and of truth.

Sowers of death,
they were afraid of life.
They scattered the defenseless bodies
as testimony to their own cowardice,
their unwillingness to face the truth.

Dressed in lies,
they hide even today
behind force.

A hideous consequence
is death
at the hands
of those who renounce
their humanity.

Resistencia absurda
a la palabra,
a la luz,
a la vida
y al amor.
Ellos, tus compañeros,
se quedaron en sus puestos,
buscadores incensantes de tus huellas
en la historia,
husmeadores de tu Reino,
Intentaban encontrar la luz
en medio de tanta oscuridad,
que podría en un futuro,
— lejano todavía, —
conducirnos por el sendero
de la justicia hacia la paz.

Caminantes
de tu senda estrecha
cada día más angosta
y definida.

Herederos de dos sangres:
La de Grande y de Romero,
y la del costado vaciado en el Calvario,
Y que confluyen en una sola
corriente de misericordia.

                    Día del martirio de los Jesuitas en San Salvador

Algunos Secretos del Reino

Absurd resistance
to the word,
to the light,
to life,
and to love.
But the others, your companions,
remained in their places.
Tireless seekers of your footprints
in history,
trackers for signs of your Reign,
they tried to find the light
amidst so much darkness,
that could some day, in the future
— still very far away —
lead us along the path
of justice towards peace.

Travelers
on your precarious path
each day more narrow
and defined,

Heirs of two rivers of blood:
that of Grande and Romero
and that of the pierced side on Calvary,
blood that joins together
in a single stream of mercy.

Day of the martyrdom of the Jesuits in San Salvador

Mujeres mártires del GAM

Cuando en el campo
la risa de los niños
fue acallada

Cuando la sangre de los indios
fue toda bebida por la tierra,

Cuando la tiniebla se hizo más intensa
y ya no se veía el camino

Cuando la metralla
había sembrado el miedo

Cuando los nombres de los desaparecidos
parecían ya todos olvidados.

De las entrañas fecundas de la patria,
de los corazones estrujados
de las mujeres de mi pueblo,
De sus gargantas sofocadas por el llanto,
surgió un grito hondo,
inacabable, prolongado, el grito de la vida:

Un grito peligroso. . .

México, 1994

The Martyred Women of GAM

When throughout the countryside
the laughter of children
was hushed,

when the blood of the Indians
was all drunk by the earth,

when the darkness became more intense
and the road was no longer visible,

when the machine gun
had sown dread,

when the names of the disappeared
all seemed to be forgotten,

from the fertile entrails of the homeland,
from the wrung out hearts
of the women of my people,
from their throats suffocated with sobs,
there surged forth a deep cry,
interminable, prolonged, the cry of life:

a dangerous cry...

Mexico, 1994

Guatemala

Como las gotas de rocío,
pequeñitas,
temblorosas,
tímidas,
como lágrimas celestiales,
Así me sorprenden
cada mañana,
vistazos fugaces y límpidos
de tus infinitas facetas,
Guatemala.

Como la brillante transparencia
del rocío matutino
así me sorprenden cada amanecer
las visiones límpidas
de tus rincones
empapados de belleza,
pequeña patria herida.

Algunos Secretos del Reino

Guatemala

Like dew drops,
tiny,
trembling,
timid;
like celestial tears;
that's how
the fleeting and limpid glimpses
of your infinite facets
surprise me each morning,
Guatemala.

Like the brilliant transparency
of the morning dew;
that's how
the clear sights
of your nooks and crannies
drenched in beauty
surprise me each daybreak,
little wounded homeland.

Noya

Dame toda tu plata, luna,
purificada en mil tormentas.

Dame la exactitud de tu ritmo
que nos rige con tal precisión.

Te nos muestras y escondes
sin alharacas,
y no obstante,
riges las mareas,
y los partos,
y los brotes
de las plantas minúsculas.

Abuela luna,
mujer del sol.
"Gardenia de plata",
Contadora de nuestros días.
Brújula
de los caminos antiguos,
revélanos los secretos
del calendario escondido
en el corazón tembloroso
de todas nuestras nanas.

México, 13 de febrero 1993

Algunos Secretos del Reino

Noya

Give me all your silver, moon,
purified in a thousand storms.

Give me the exactness of your rhythm
that guides us with such precision.

You reveal yourself to us, then hide
without a fuss.
Nonetheless,
you control the seas
and the births
and the sprouting
of tiny plants.

Grandmother moon,
wife of the sun,
"Silver gardenia,"
counter of our days.
Compass
of the ancient paths,
reveal to us the secrets
of the calendar hidden
in the trembling heart
of all of our grandmothers.

Mexico, February 13, 1993

Lectura

Esas esquirlas en la nuca de mi padre,
esos pedazos de granada
metidos debajo de la piel
que los médicos no pudieron extraer. . .
parte de su cuerpo
y ajenos a él . . .

Esos trozos irregulares de metal
esas marcas de la guerra
en su vida

Y sobre su piel morena,
esos glifos que me hablan todavía
de la dictadura,
del endiosamiento
y de la mano dura. . .
del alma de hierro
de uno de tantos dictadores
y del aherrojamiento impuesto
hace siglos
sobre mi pueblo.

Esas esquirlas en la nuca de mi padre,
esos signos escritos para siempre,
indelebles en mi memoria. . .

México, 1990

Algunos Secretos del Reino

A Reading

That shrapnel in my father's neck,
those grenade fragments
embedded under his skin
that the doctors couldn't remove...
part of his body
and foreign to him...

Those uneven pieces of metal
those marks of war
in his life

And upon his brown skin
those glyphs that speak to me still
of the dictatorship,
of the arrogance,
of the hard line...
of the iron spirit
of one among so many dictators,
of the shackles imposed
centuries ago
upon my people.

That shrapnel in my father's neck,
those signs written forever,
indelible on my memory...

Mexico, 1990

Oración

Gracias Padre
por tu hijo Juan,
por haberlo llamado a ser tu siervo.
Por compartir con él
tu oficio de Pastor.
Por su peculiar sentido del humor,
por su alegría,
por su tenaz adhesión a la verdad.
Porque a la hora exacta
de tu calendario
encaminaste sus pasos
hacia tu cuerpo herido
en el pueblo de Quiché.

Gracias, por haber puesto en sus labios
la palabra precisa
para los responsables
de tanta crueldad.

Gracias Madre de la Vida
por haberlo guardado tantas veces
de la mano de Caín,
a fin de concederle que
acabara la obra
que le encomendaste hacer.

Porque por encima
de los designios torcidos,
fuiste Tú quien lo llamaste al desierto del exilio

Prayer

Thank you, Father,
for your son, Juan,
for calling him to be your servant,
for sharing with him
your work as a pastor.
Thank you
for his peculiar sense of humor,
for his joy,
for his tenacious commitment to the truth,
and, when the time was exactly right
on your calendar,
for guiding his steps
toward your wounded body
among the people of Quiché.

Thank you, for putting on his lips
the necessary words
towards those responsible
for so much cruelty.

Thank you Mother of Life
for having saved him so many times
from the hand of Cain
and allowing him to finish
the work you sent him to do.

Because above all the twisted designs,
it was You who called him to the desert of exile
so that he could fully understand

para que pudiera asimilar
la hiel de tanta iniquidad
cometida contra tu rebaño,
cuando, (los que se convirtieron
en verdugos)
le cerraron las puertas
de su propia tierra,
alejándolo de los tuyos.

Ahora, Padre,
ten misericordia de nosotros
y muy especialmente
de los que tienen miedo
de mirar de frente la verdad.
De la mente que concibió
su muerte
y de quien extendió sus manos
para destruir su cuerpo.

Que tu justicia
traspasada de compasión
enderece sus espíritus hacia Tu luz.

¡Transforma, te rogamos,
su miseria en dignidad!

Traemos ante tí agradecidos,
la ofrenda de todos nuestros dolores
por los cuales nos enseñas paciente
que la Verdad,
tu Verdad, Padre,
no es látigo, ni espada.
Es aire fresco

Algunos Secretos del Reino

the bitterness of so much iniquity
committed against your flock
when those who became the executioners
closed the doors of his own land to him,
distancing him from his own.

Now, Father
have mercy on us
and especially on those
who are afraid to look at the truth head on.
Have mercy on those whose minds
conceived his death
and on those who extended their hands
to destroy his body.

May your justice
permeated by compassion
make straight their spirits
to move towards Your light.

Transform, we beg you,
his misery into dignity!

We bring gratefully before you
the offering of all of our pain
through which you patiently teach us
that the Truth—
Your truth, Father—
is not a whip or a sword,
but rather fresh air
that blows to shake up,

que sopla para sacudir,
que sacude para despertar
y que hiere para sanar.
A los que tuvieron miedo de ese soplo,
abrázalos con tu misericordia,
ilumina sus tinieblas,
y concédeles la gracia
de recuperar su humanidad perdida
para que pudan descubrir
dentro de ellos mismos,
lo que tus mártires
vislumbraron aquí en la tierra
y ahora disfrutan a plenitud.

Ayúdanos a continuar
la tarea de hacernos cada día
más humanos
abrasados por el fuego de aquel Amor
por cuya causa,
colgaron a Jesús en la cruz,
y abre nuestros ojos a la luz
de la Vida Verdadera,
la que trasciende victoriosa
el polvo
que vuelve al polvo
y conduce lo que
permanece,
al seno mismo
de tu corazón
de Padre.
Amén.

En ocasión del martirio de Monseñor Juan Gerardi
26 de abril, 1998

Algunos Secretos del Reino

that shakes to awaken,
that wounds to heal.

Hold in your mercy
all those who were afraid of that breath of truth.
Light their way in the darkness,
and give them the grace they need
to recover their lost humanity,
so that they can discover among themselves
what your martyrs glimpsed here on earth
and now enjoy in abundance.

Help us to continue the work
of becoming more human each day,
embraced by the fire of that Love
for which they hung Jesus on the cross,
and open our eyes to the light
of a True Life,
that victoriously transcends
the dust
returning to dust
and guides what remains
to the very center
of your Father's heart.
Amen.

On the day of the martyrdom of Monseñor Juan Gerardi
April 26, 1998

Del hombre al hombre

¿Me amas? pregunta un varón a otro
que le había jurando fidelidad hasta la muerte

    Veo la sonrisa maliciosa
    en la expresión de más de algún macho

¿Me amas? pregunta el traicionado
al que lo traicionó

    Percibo de nuevo
    El murmucillo mezquino de hombres "muy hombres"
    que arreglan esas cosas midiendo fuerzas

¿Me amas? resuena por tercera vez la invitación
a recibir el abrazo del perdón
para re-encauzar al amigo por el camino verdadero

    ¿Cómo te atreviste, Jesús,
    a desafiar el estilo patriarcal
    que ha implantado por siglos
    la relación de fuerza?

¿Acaso ignorabas que sólo se conoce por amor
esa cosa de hombres
para domar hembras?

    Ese, ¿Me amas?
    Me suena a la pregunta
    mil veces pronunciada

         Algunos Secretos del Reino

Man to Man

Do you love me? One man asks the other
who had sworn faithfulness until death.

> I see the suggestive smile
> on the expression of more than a few *macho* men.

Do you love me? The betrayed one asks
the man who betrayed him.

> I perceive anew
> the petty murmurs of the "real men"
> who deal with these things by testing strength.

Do you love me? For the third time the invitation goes out
to receive the embrace of forgiveness,
to set a friend back on the right path.

> Jesus, how did you dare
> to challenge the patriarchal style
> that implanted the relations of force
> and maintained it for centuries?

Did you not know that love is only known
as that thing that men use
to tame women?

> That "Do you love me?"
> sounds like the question
> pronounced a thousand times

por corazones desgarrados de mujeres
que, como tú,
recibieron, destrozadas,
mil promesas no cumplidas.

Y, "el tú sabes que te quiero"
del renegado, aunque débil todavía,
me anuncia esperanzador,
que tu amor definitivo,
puede transformar la bravura del macho,
en verdadero amor de hombre!

Guatemala 1997

Algunos Secretos del Reino

by the broken hearts of women
who, like you,
received, torn to pieces,
a thousand promises never kept.

And the "You know I love you,"
from the defensive one, even though it is still weak,
gives me hope
that your definitive love
can transform the bravado of the *macho*
into the true love of a man!

Guatemala 1997

Mirándola

Mirándola,
Te reconocí, Jesús,
Ahora ya no me cabe ninguna duda.
Eras tú mismo.
Ví tu costado herido
en donde todavía se podía advertir la huella del lanzazo.
Ví tus manos
marcadas por las heridas
recibidas en la casa de tus amigos,
con quien compartías el vino y el pan . . .
que sanaron a los ciegos,
que levantaron a los lisiados.

Ví las cicatrices
de tus pies heridos
al abrirnos el camino sencillo
hacia el corazón de tus hermanos pequeñitos.

Sí, eras tú mismo,
porque reconocí las huellas de la violencia
sobre todo su cuerpo,
y la expresión tranquila y serena
bajo el yugo fácil y la carga ligera
de un amor irrevocable.

24 de noviembre, 1997

Algunos Secretos del Reino

Looking at Her

Looking at her,
I recognized you, Jesus.
Now I no longer have any doubt.
It was you.
I saw your wounded side
where the mark of the spear was still visible.
I saw your hands
covered by the wounds
you received in the house of your friends,
where you shared wine and bread. . .
hands that gave sight to the blind
and raised up the infirm.

I saw the scars
of your feet, wounded
to open up a simple path
towards the heart of your little brothers and sisters.

Yes. It was you.
Because I recognized the marks of violence
all over her body
and the calm and tranquil expression
of one under the easy yoke and light burden
of an irrevocable love.

November 24, 1997

Esposo

Con la conciencia iluminada por el ángel,
soportaste plenamente sobre tí
todo el horror de los poderes patriarcales.

Por el perdón, transformaste la tortura en libertad
convirtiéndote así tú mismo, en útero fecundo,
generador de la esposa verdadera.

Preñado de desamparo y de ternura,
la concebiste en lo secreto de tí mismo
consumando su creación hasta el final,
cuando, como fuente generosa, se derramó entera
de tu costado abierto, al rendir el último suspiro.

María, la de Magdala, al pie del árbol,
asumió su vocación de amiga y de compañera
en la desconcertante tarea de hacerte varón-madre
rehusando aferrarte al poder de un dios envejecido y justiciero.

No, tu compañera no surgió de una simple costilla.
Fue de la siembra íntegra de tu vida entera,
de la sed recóndita de tu ser profundo,
de la hondura infinita de tu entrega
que brotó la amiga idónea,
animada por un amor más fuerte que la muerte.

Guatemala 1999

Algunos Secretos del Reino

Husband

With your conscience illuminated by the angel
You took completely on yourself
all of the horror of the patriarchal powers.

For forgiveness, you transformed torture into freedom,
turning yourself into a fertile womb
to generate the true female companion.

Pregnant with helplessness and tenderness
you conceived her in a secret part of yourself
consumating her creation at the end
when, like a generous fountain, she poured out whole
from your open side, when you gave up your last breath.

Mary, Mary of Magdalene, at the foot of the tree,
assumed her vocation as friend and companion
in the disconcerting task of making you a male mother,
refusing to tie you to the power of an old and vengeful god.

No, your companion did not come from a simple rib.
She came from the complete sowing of your entire life,
from the hidden thirst of your profound being,
from the infinite depth of your sacrifice
that burst forth in the ideal woman friend,
moved by a love that is stronger than death.

Guatemala 1999

Guatemala 1999

Liberación

Rotas ya las cadenas,
dejé mi viejo cántaro ya inútil
junto al pozo arcaico de la religión.
Habiendo degustado ya el deleite
de la fuente misma que como cascada generosa
brotaba de tí mismo
inagotable y refrescante,
en la que la esencia del ser
se me va haciendo plenitud
danzando sin cesar
alimentada por el tuyo infinito!

Agosto 1999 - Marzo 2002

Algunos Secretos del Reino

Liberation

The chains now broken,
I left my old water vessel useless
next to the archaic well of religion.
Having already tasted the delight
of the source itself
that burst forth from you
like a generous cascade,
everlasting and refreshing,
where the essence of being
is coming to fullness within me
dancing without need for rest
nourished by what is infinitely yours!

August 1999-March 2002

Other Books Available from EPICA

POETRY

The Certainty of Spring
by Julia Esquivel (EPICA, 1993) 188 pages, $11.95

Threatened with Resurrection
by Julia Esquivel (Brethren Press, 1982, 1994) 128 pages, $10.95

The Hour of the Furnaces
by Renny Golden (Mid-List Press, 2000) 86 pages, $12.00

PROSE

Voices and Images: Mayan Ixil Women of Chajul
by The Association of Mayan Ixil Women with Brinton Lykes
(ADMI, 2000) Trilingual, 111 pages, $35.00

Guatemalan Women Speak
by Margaret Hooks (EPICA, 1993) 133 pages, $10.95

Like the Dew that Waters the Grass:
Words from Haitian Women
by Marie M.B. Racine with Kathy Ogle (EPICA, 1999) 207
pages, $14.95

Life out of Death: The Feminine Spirit in El Salvador
Women in Conversation with Marigold Best and Pamela Hussey
(EPICA, 1997) 192 pages, $12.95

Order today!

EPICA ◆ 1470 Irving Street, NW ◆ Washington, DC 20010
epicabooks@igc.org ◆ 202/332-0292
www.epica.org

Secrets of God's Reign

ALGUNOS SECRETOS DEL REINO

Poems by
Julia Esquivel V.

Translated by

Kathy Ogle
Cecilia M. Corcoran, FSPA, Ph.D.
and Judith Noone, MM

EPICA

Washington, DC